EDUARDO SAINZ DE LA MAZA
Música para Guitarra

Unión Musical Ediciones S.L.

Contents

Homenaje a Haydn
4

El Noi de la mare
7

Añoranza Lejana, estudio
8

Habanera
10

Cançó del Lladré
12

Bolero
14

Campanas del Alba
20

Homenaje a Toulouse-Lautrec
26

Evocación Criolla
32

Platero y yo, Suite
41

Soñando Caminos
66

This book © Copyright 1999 by Unión Musical Ediciones,
S.L. Madrid (España).
UMG24075 ISBN 0-7119-6983-3

Cover design and photography by Jon Forss
Music setting by Andrew Shiels

EDUARDO SAINZ DE LA MAZA

Nació en Burgos el 5 de enero de 1903. Es el tercer hijo de una familia con gran sentido artístico. Su hermano mayor, Regino, fue un eminente guitarrista y su hermano Francisco, un buen pintor. Eduardo estudia guitarra en Madrid con Daniel Fortea, a su vez, alumno de Tárrega. En 1916 se traslada a Barcelona, donde da su primer concierto a los 14 años. Estudia guitarra con Miguel Llobet y también violoncello, instrumento del que fue un buen solista y que alterna con la guitarra en sus conciertos públicos, a lo largo de los años 20. Casado en 1925 con la pianista italiana Elda Giacomelli, decide instalarse definitivamente en Barcelona, donde profundiza sus estudios de composición con Enric Morera, célebre compositor catalán y alumno de Albéniz y Pedrell. A partir de los años 50 abandona su carrera de concertista para dedicarse casi exclusivamente a la composición y a la docencia mientras su hermano Regino – que estrenó el 'Concierto de Aranjuez' de Rodrigo – prosigue su carrera de concertista internacional. Murió en Barcelona el 5 de diciembre de 1982.

Como compositor, su catálogo es importante y variado. Destacó como arreglista de obras populares del folklore español, pero hoy son aún más apreciadas sus composiciones originales. Utiliza un lenguaje ecléctico, con influencias impresionistas,6 pero muy enraizado en la tradición musical española. También el jazz influyó en su obra, generalmente íntima y lírica, en la que destaca la Suite 'Platero y yo' una de las composiciones más notables para guitarra, del siglo XX español.

Eduardo Sainz de la Maza was born in Burgos on 5th January 1903. He was the third son of an extremely artistic family – of his brothers, Regino was an eminent guitarist and Francisco a great painter. Initially, Eduardo studied the guitar in Madrid with Daniel Fortea, a pupil of Tárrega. In 1916 he moved to Barcelona, where he studied guitar with Miguel Llobet, giving his first concert at the age of 14. At this time he also studied the cello and in fact during the 1920s he performed as a soloist of both the guitar and cello. When Eduardo married the Italian pianist Elda Giacomelli in 1925 he decided to move to Barcelona, where he studied composition with Enric Morera, a famous Catalan composer who was a pupil of Albéniz and Pedrell. By the end of the 1950s he had abandoned his career as a soloist to dedicate himself almost exclusively to composing and teaching, leaving Regino to continue as the international soloist (giving the premiere of 'Concierto de Aranjuez' by Rodrigo). Eduardo Sainz de la Maza died on 5th December 1982.

A significant composer who produced a great variety of work, Eduardo Sainz de la Maza has always been well-known for his arrangements of Spanish popular folk songs, but it is his original compositions which are seen as most important today. The musical language he employed was eclectic, combining impressionistic influences with deep rooted Spanish musical tradition. Jazz was also an influence, although the majority of his works are intimate and lyrical, as is the 'Platero y yo Suite' – one of the most notable compositions for guitar of the 20th century.

HOMENAJE A HAYDN

E. SAINZ DE LA MAZA

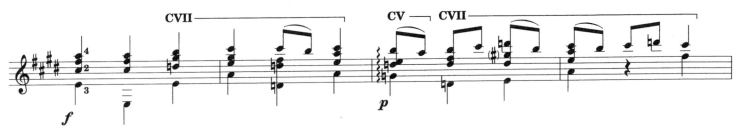

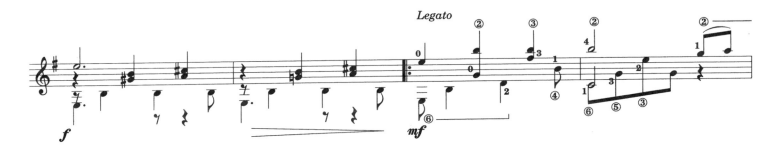

a tempo

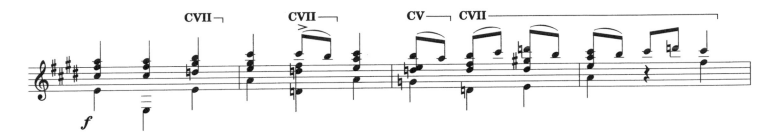

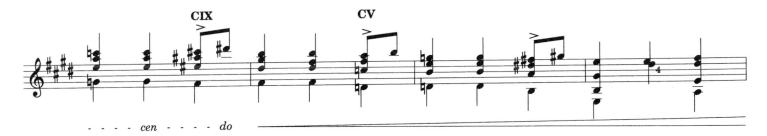

EL NOI DE LA MARE

Canción de cuna popular catalana

E. SAINZ DE LA MAZA

AÑORANZA LEJANA
Estudio

E. SAINZ DE LA MAZA

Allegretto mosso ♩ = 116

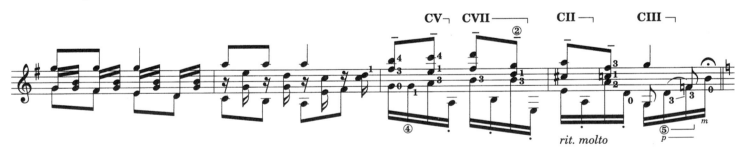

poco rit. a tempo

p súbito

CII———— CI —   CII— CIII— CI —   CII— CX —

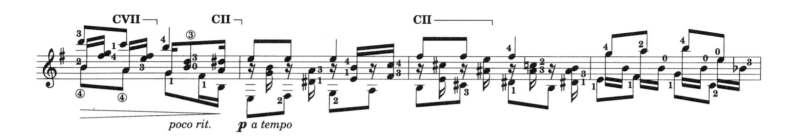

CVII— CII—   CII ————

poco rit. **p** a tempo

CII—CIII—CII—   CI—

CII — CII —

rit. **mf** a tempo

p   **mp** e sempre a tempo

CVIII—   CVIII—   CVIII—   har. 12

vibr.

f deciso

A mi hermano Regino

HABANERA

E. SAINZ DE LA MAZA

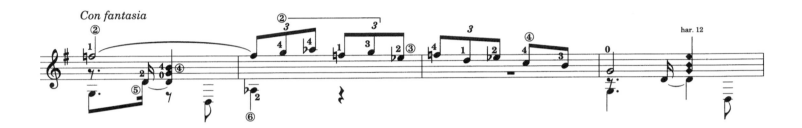

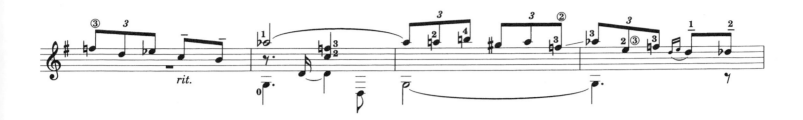

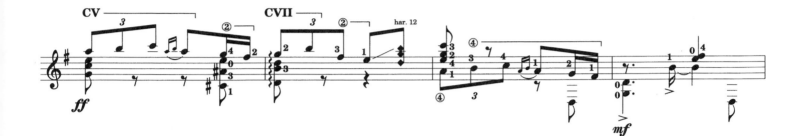

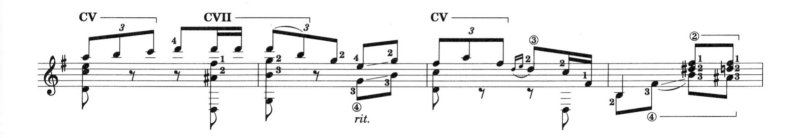

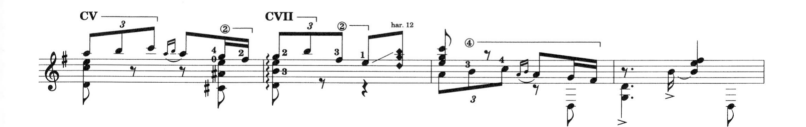

A mi amigo Lorenzo Castillo

CANÇÓ DEL LLADRÉ

Popular Catalana

E. SAINZ DE LA MAZA

Allegretto ♩ = 95

Moderato cantabile ♩ = 76

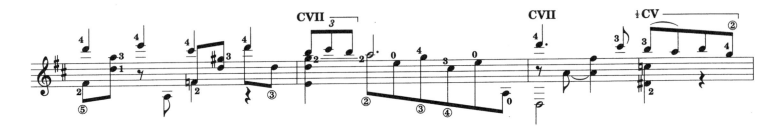

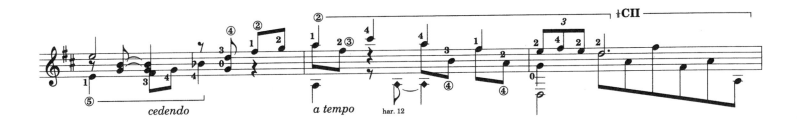

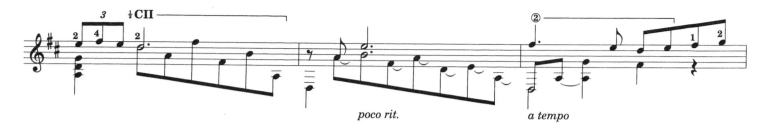

poco rit.   *a tempo*

cedendo   *a tempo*

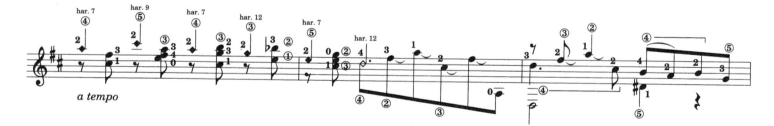

a tempo

a tempo   *cedendo*

Più mosso

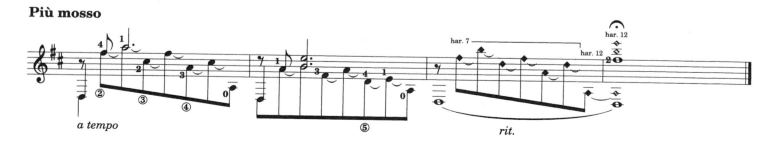

a tempo   *rit.*

13

BOLERO

E. SAINZ DE LA MAZA

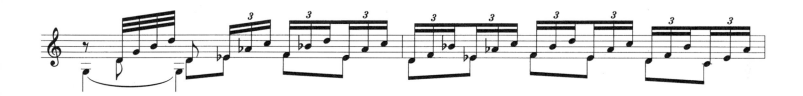

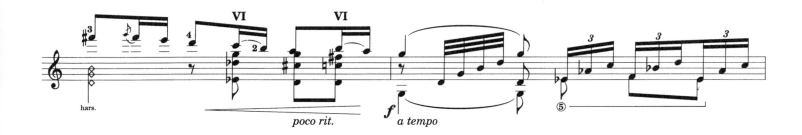

poco rit.

Poco meno mosso

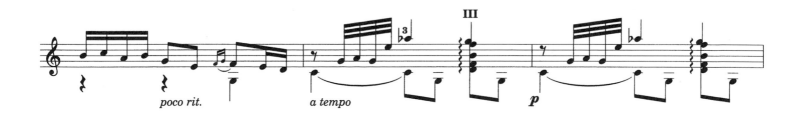

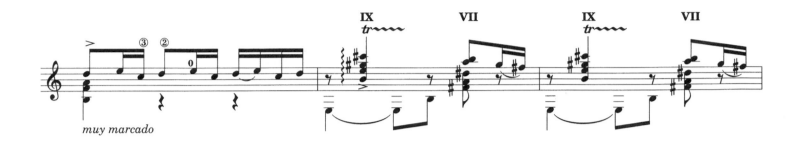

muy marcado

mf

mf

hars.

poco rit.

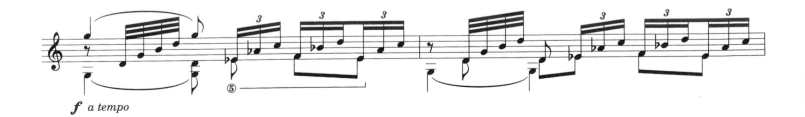

f a tempo

poco rit.

A mi hermano Regino

CAMPANAS DEL ALBA

E. SAINZ DE LA MAZA

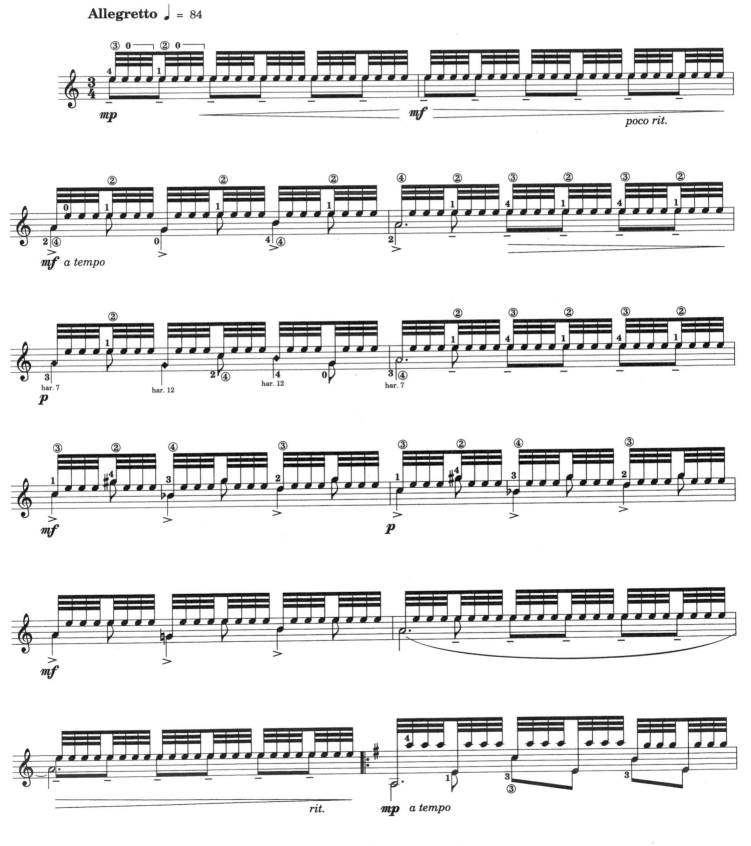

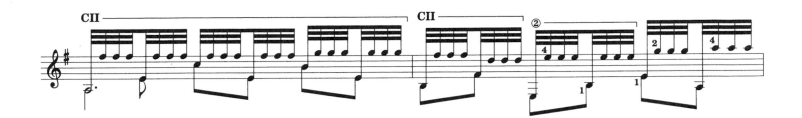

poco rit.   *a tempo*

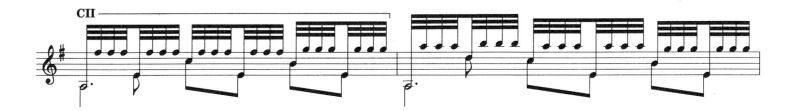

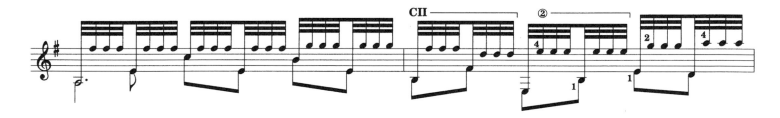

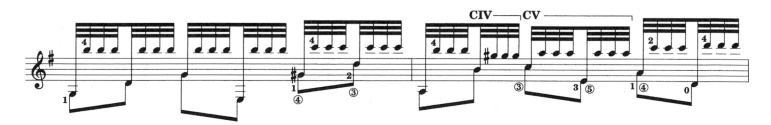

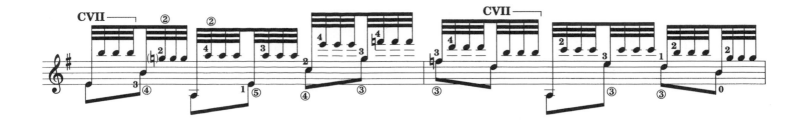

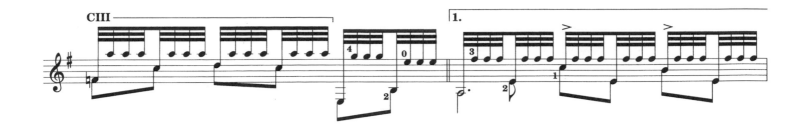

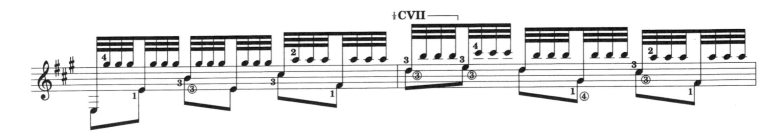

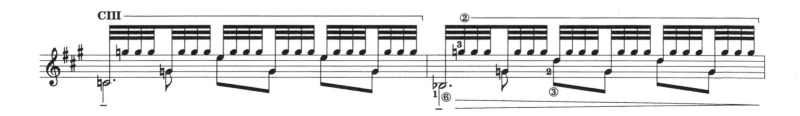

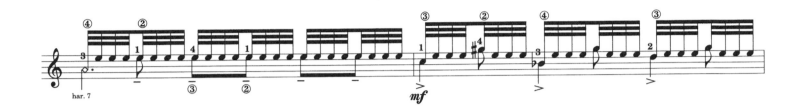

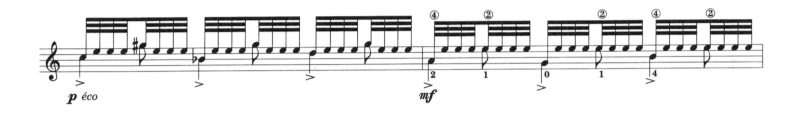

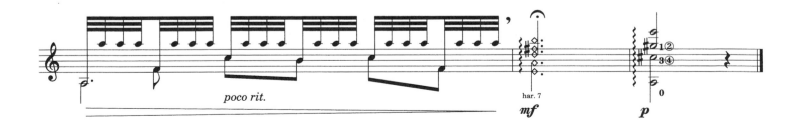

A mi hermano Regino

HOMENAJE A TOULOUSE-LAUTREC

E. SAINZ DE LA MAZA

ced. - - - - string. - - rub. - - - - a tempo - - - rit.

Più mosso

a tempo   rit.

Tempo 1°

ced. - - - - string. rub. - - - - a tempo rit.   string.- rub.   a tempo rit.

Più mosso

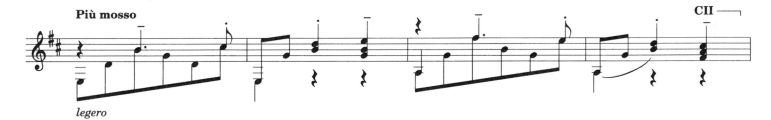

legero

cresc. - - - - - poco   a   poco - - - - - - - - rit.

ancora lo siesso tempo

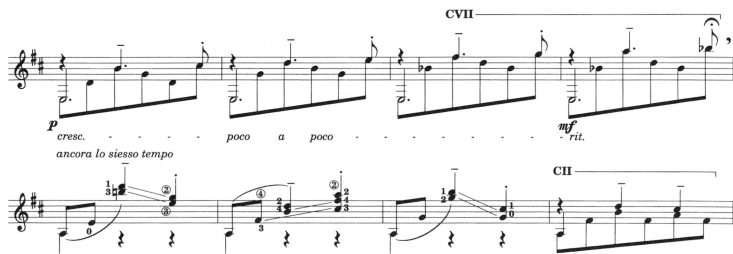

mf a tempo

rubato

mp a tempo

CII

ten.——— rub.———

mf expresivo
a tempo

a tempo

rit. - - - -

cresc. poco a poco

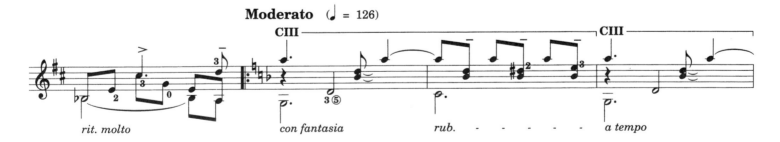

CII

Moderato (♩ = 126)

CIII ——————— CIII ———

rit. molto *con fantasia* *rub.* - - - - - *a tempo*

CIII ——— CIII ——— CIII ———

28

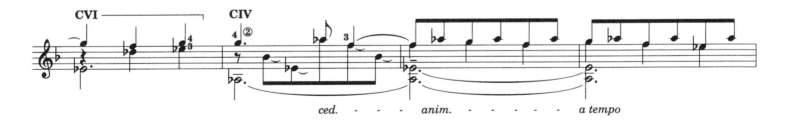

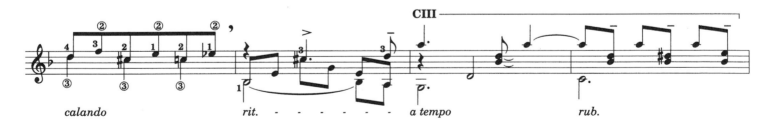

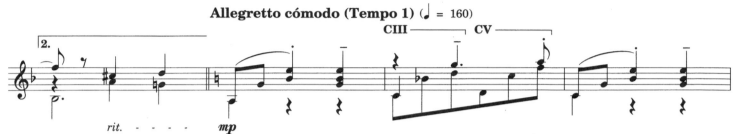

Allegretto cómodo (Tempo 1) ($\quarternote$ = 160)

Meno mosso (Tempo 2)

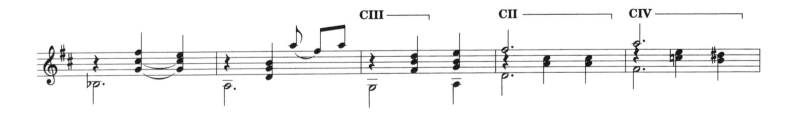

A mi discípulo José J. Henríquez

EVOCACIÓN CRIOLLA

E. SAINZ DE LA MAZA

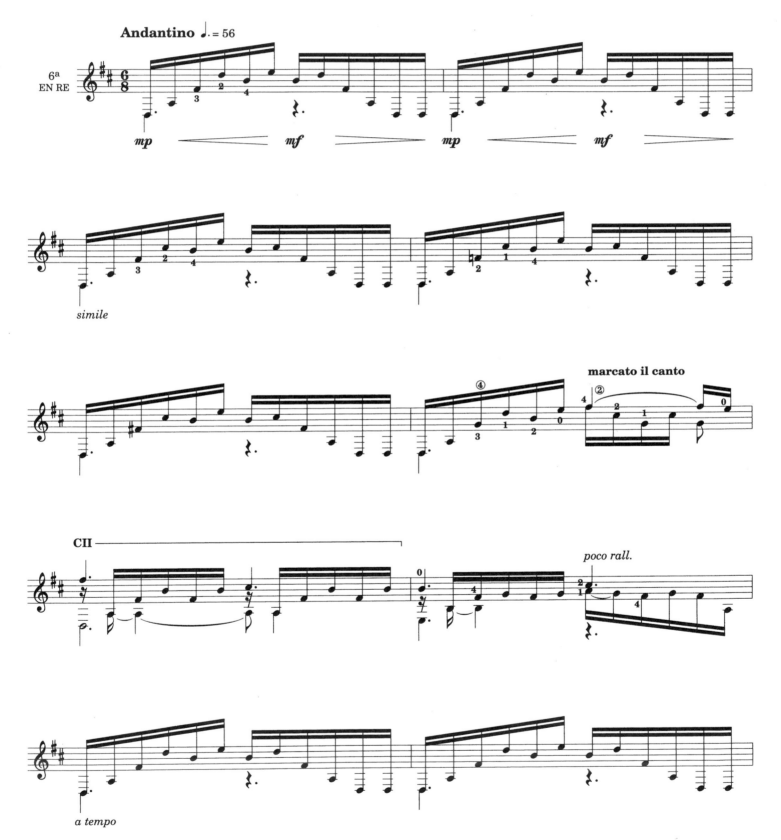

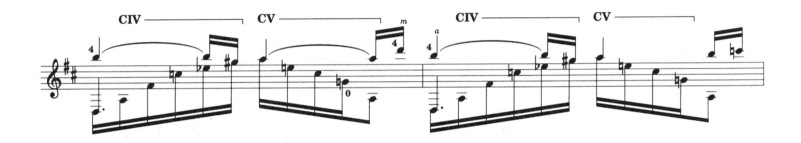

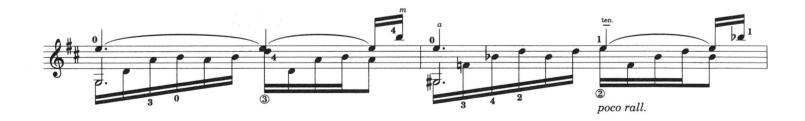

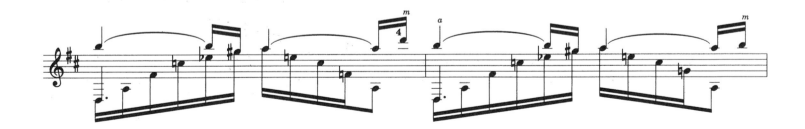

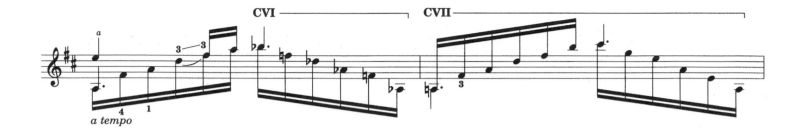

34

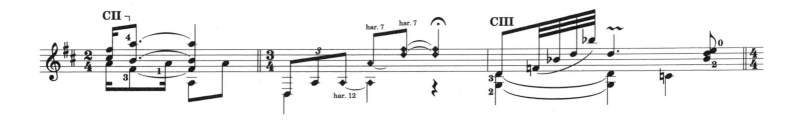

cresc. _ _ _ _ _ _ _ _ _ _ _ _ _ _ molto _ _ _ _ _ _ _ _ _

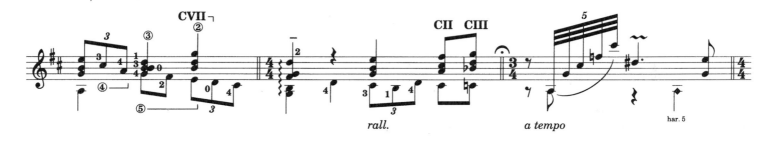

rall.   a tempo

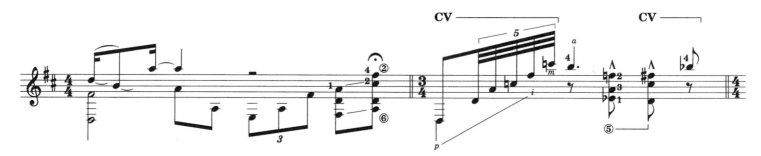

rubato   a tempo

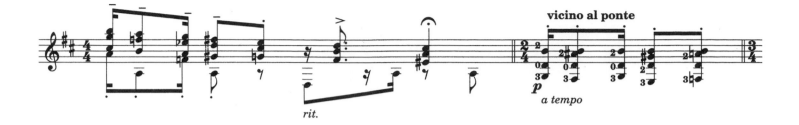

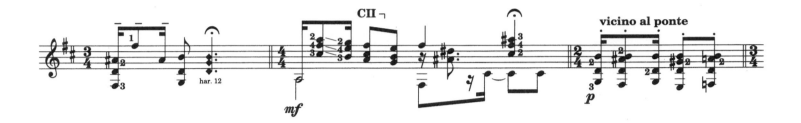

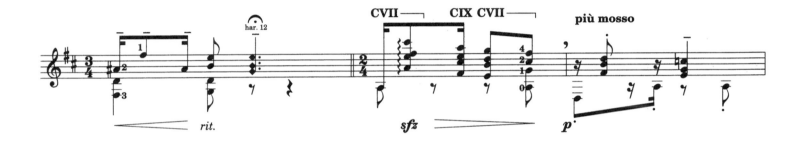

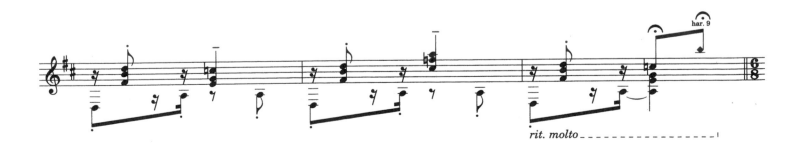

Primo tempo

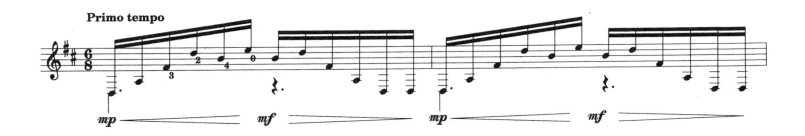

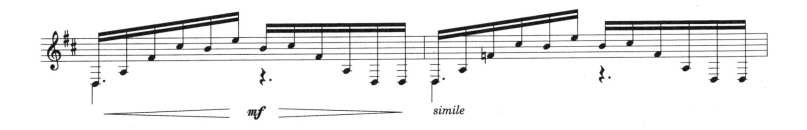

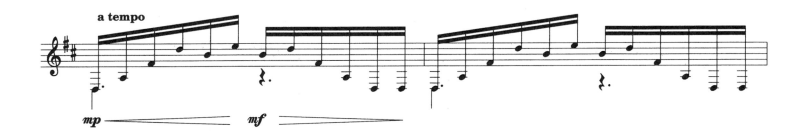

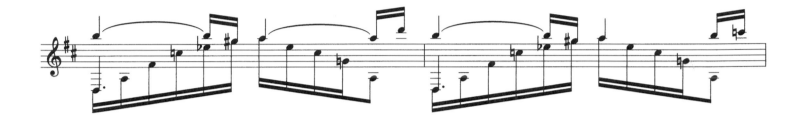

poco rall.

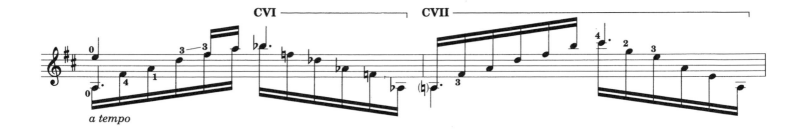

a tempo

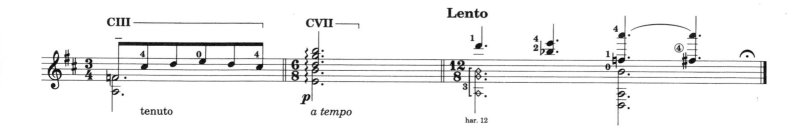

tenuto

a tempo

Lento

har. 12

A mi buen amigo Antonio Armet

PLATERO Y YO, SUITE

E. SAINZ DE LA MAZA

I. PLATERO

Platero es pequeño, peludo, suave...
Sólo los espejos de azabache de sus ojos son duros cual
dos escarabajos de cristal negro.
Lo llamo dulcemente: '¿Platero?', y viene a mí con un trotecillo
alegre que parece que se ríe, en no se qué cascabeleo ideal.
Juan Ramón Jiménez

a tempo expresivo

41

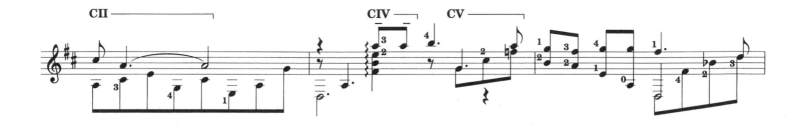

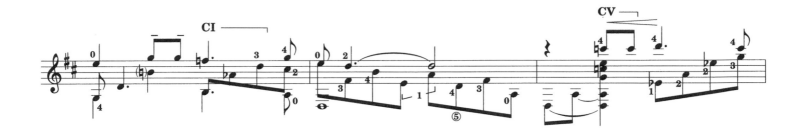

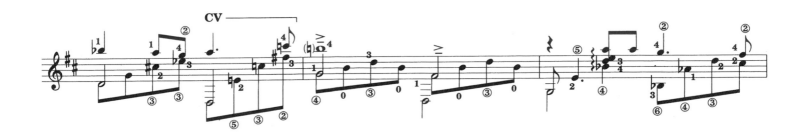

Poco meno mosso ♩ = 88

expresivo

rit.   *mol - - - to*   *a tempo*

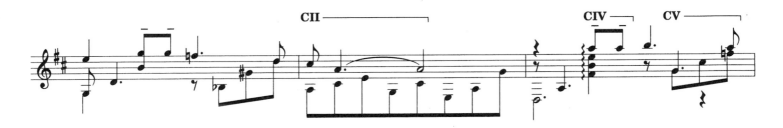

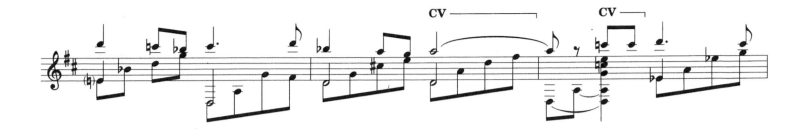

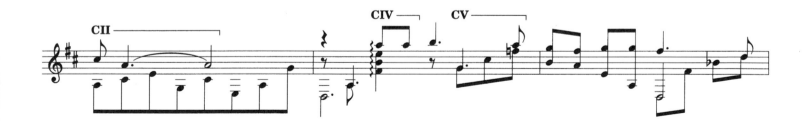

ced.   poco   a   poco - - - -

II. EL LOCO

Vestido de luto, con mi barba nazarena
debo cobrar un extraño aspecto cabalgando
en la blandura gris de Platero.
...los chiquillos gitanos, aceitosos y peludos,
...las tensas barrigas tostadas, corren detrás
de nosotros chillando largamente:
- ¡El loco! ¡El loco! ¡El loco!
Juan Ramón Jiménez

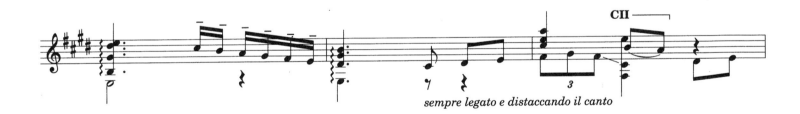

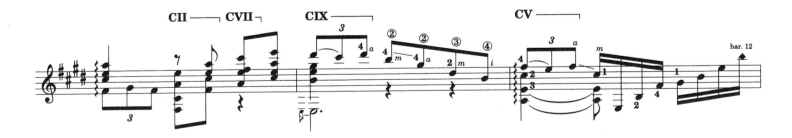

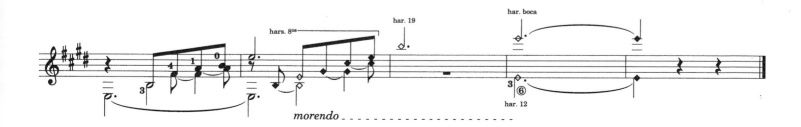

III. LA AZOTEA

...se domina todo:
ventanas con una muchacha en camisa que se peina, descuidada,
cantando; el río, con su barco que no acaba de entrar;
tú, Platero, bebiendo en el pilón, sin verme, o jugando, como un
tonto, con el gorrión o la tortuga!
Juan Ramón Jiménez

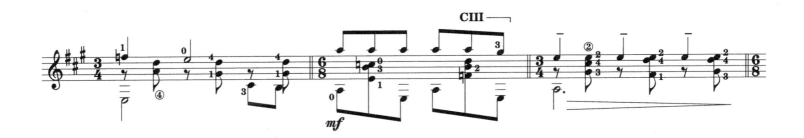

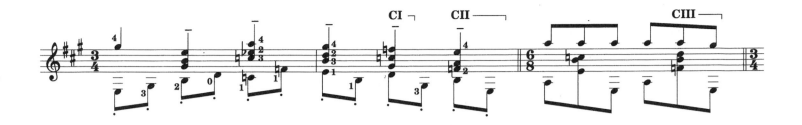

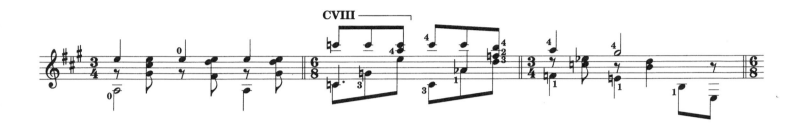

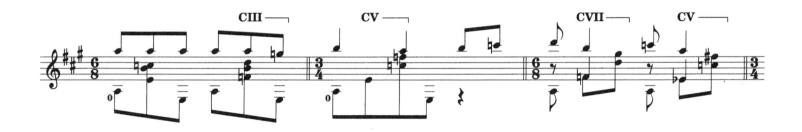

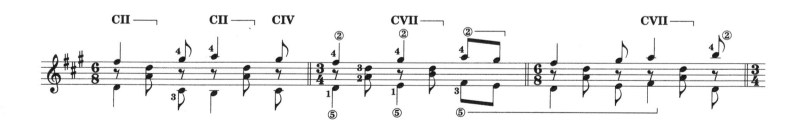

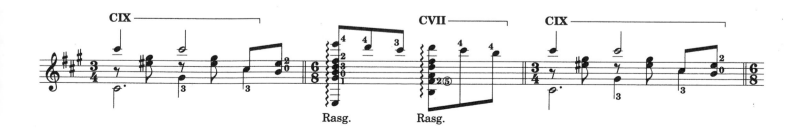

Rasg.   Rasg.

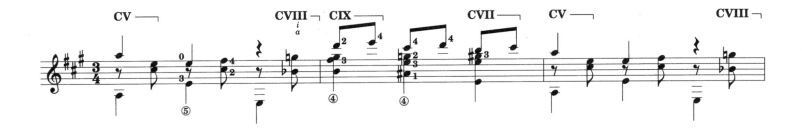

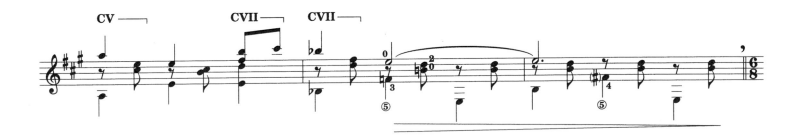

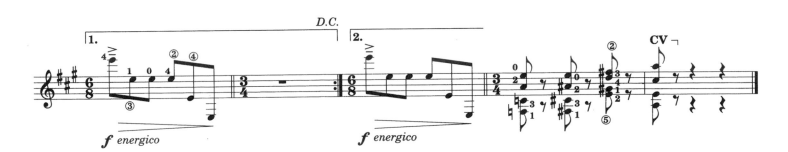

f energico   *f* energico

50

IV. DARBÓN

Darbón, el médico de Platero, es grande como el buey pío...
Pero se enternece, igual que un niño, con Platero. Y si ve una
flor o un pajarillo, se ríe de pronto...
Luego, ya sereno, mira largamente del lado del cementerio viejo:
- Mi niña, mi pobrecita niña...
Juan Ramón Jiménez

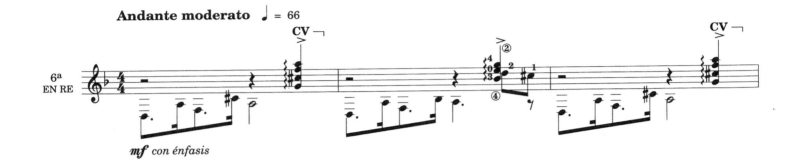

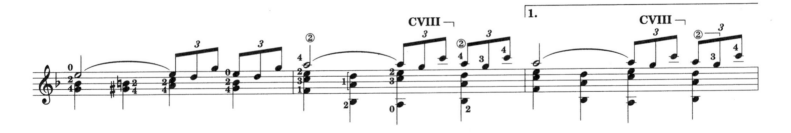

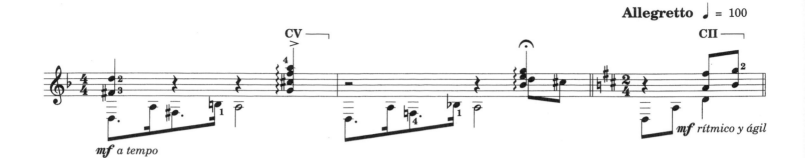

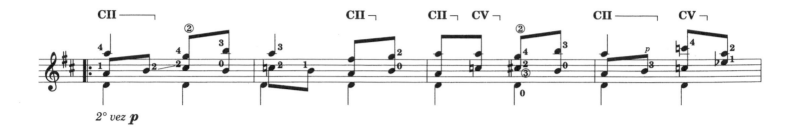

2° vez **p**

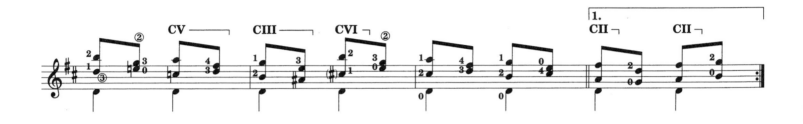

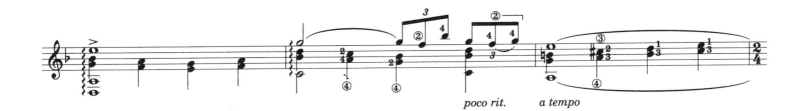

V. PASEO

Por los hondos caminos del estío, colgados de
tiernas madreselvas, ¡cuán dulcemente vamos!...
Juan Ramón Jiménez

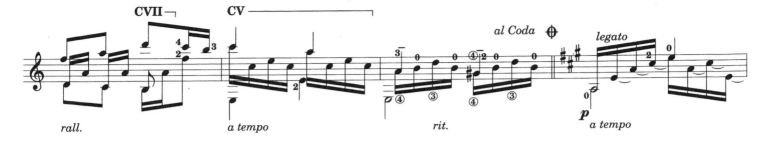

rall.   *a tempo*   *rit.*   *a tempo*

cresc.

dim.

rit.

rallentando _

VI. LA TORTUGA

La cogimos, asustados, con la ayuda de la mandadera y entramos
en casa anhelantes, gritando: ¡Una tortuga! ¡Una tortuga!
Luego la regamos, porque estaba muy sucia, y salieron,
como de una calcomanía, unos dibujos en oro y negro.
Juan Ramón Jiménez

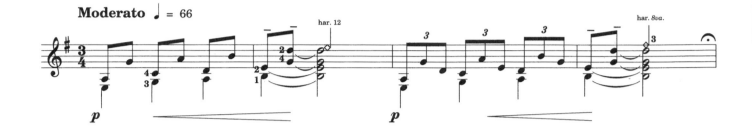

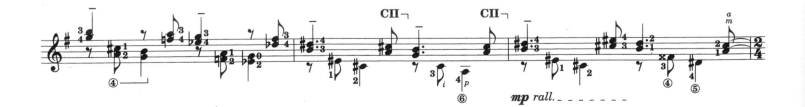

Tempo 1

Poco più animato

Lento non tanto

VII. LA MUERTE

Encontré a Platero echado en su cama de paja...
Parecía su pelo rizoso, ese pelo de estopa apolillada
de las muñecas viejas, que se cae, al pasarle la mano,
en una polvorienta tristeza...
Juan Ramón Jiménez

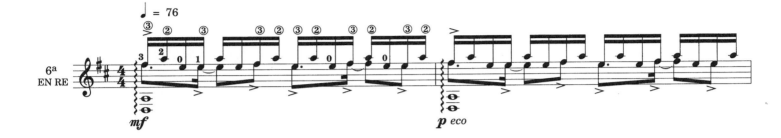

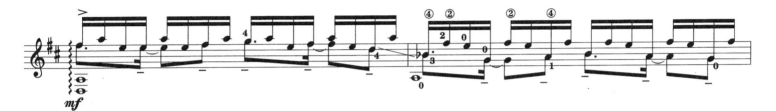

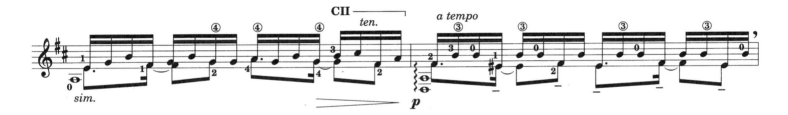

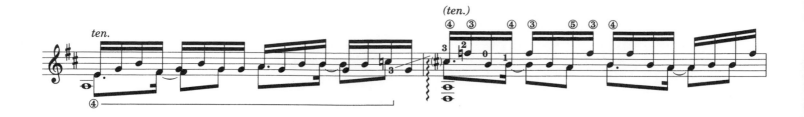

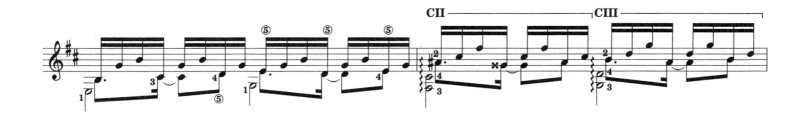

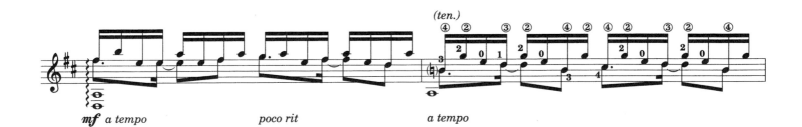

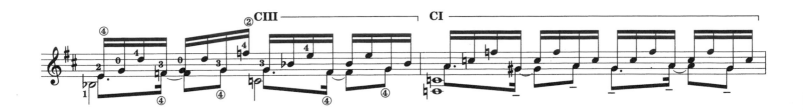

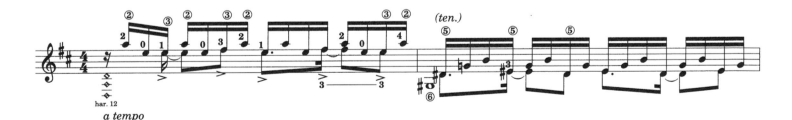

VIII. A PLATERO EN SU TIERRA

Tú, Platero, estás solo en el pasado. Pero, ¿qué más te da el pasado
a tí, que vives en lo eterno, que, como yo aquí, tienes en tu mano,
grana como el corazón de Dios, el sol de cada aurora?
Juan Ramón Jiménez

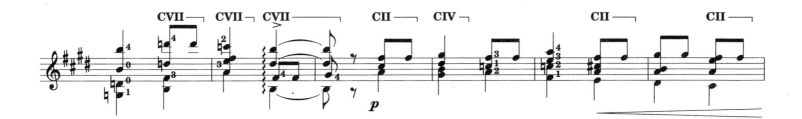

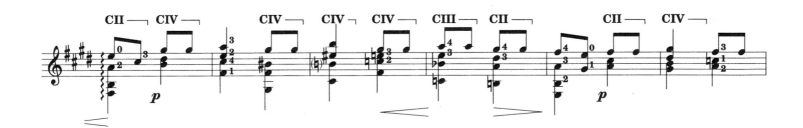

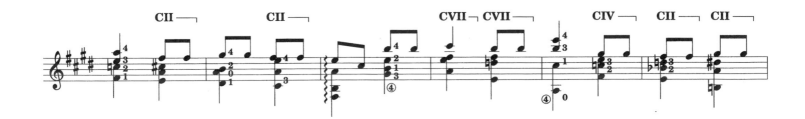

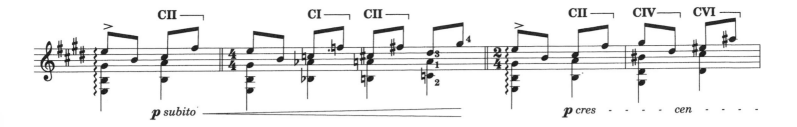

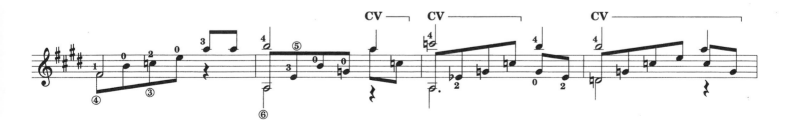

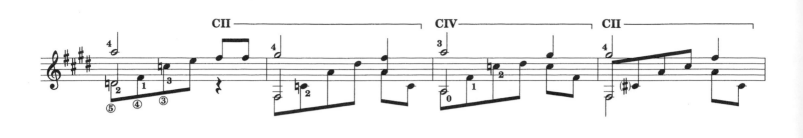

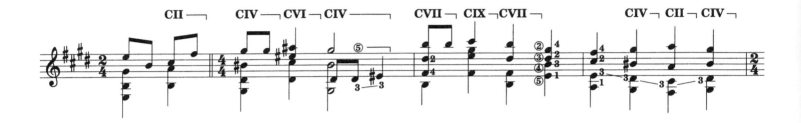

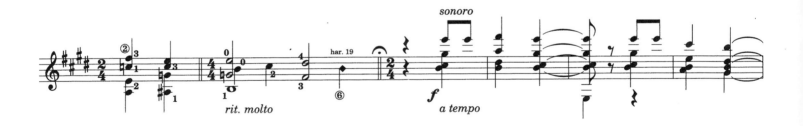

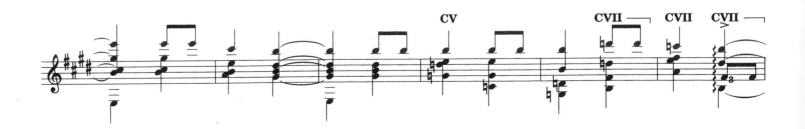

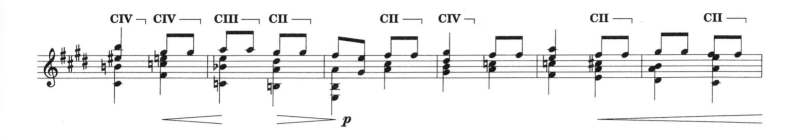

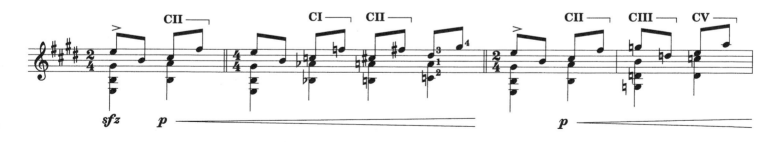

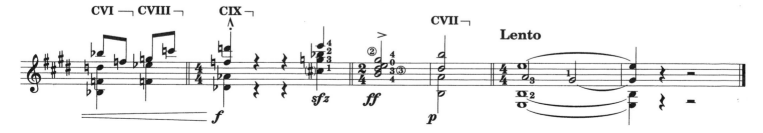

A mi hermano Regino

SOÑANDO CAMINOS

E. SAINZ DE LA MAZA

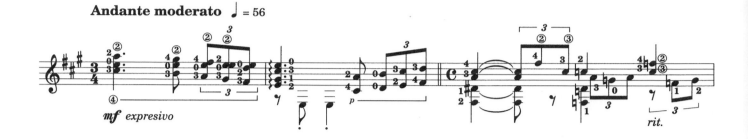

a tempo

molto rall.

har. 12

Poco piú animato (♩ = 60)

a tempo

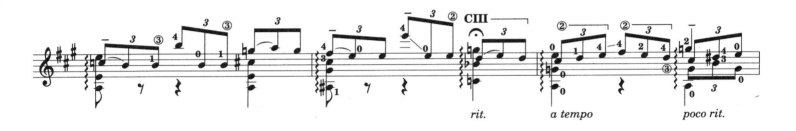

rit.   *a tempo*   *poco rit.*

a tempo

Tranquillo (♪ = 112)

mp legato semplice

poco rit.   *a tempo*

67

rit.   *a tempo*

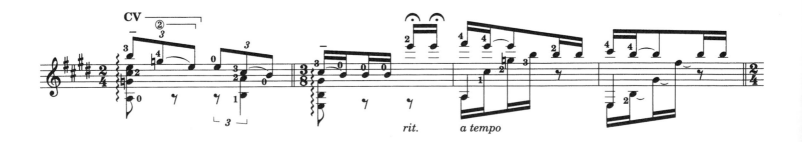

rit.   *a tempo*

poco rit.

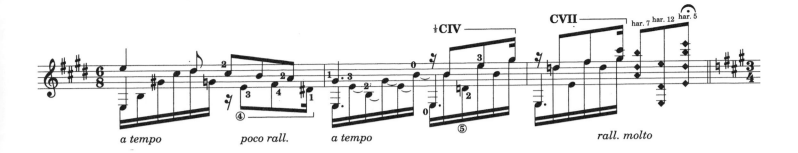

a tempo · · · · · poco rall. · · · · · a tempo · · · · · rall. molto

Tempo 1

mf expresivo · · · · · *rit*

a tempo · · · · · molto rall.

a tempo · · · · · poco · a · poco · ac -

- ce - le - ran - do · · · · · cedendo

mf a tempo · · · · · rit.

a tempo　　　　　　　　　　　　　　　　　　*molto rall.*

har. 7　har. 12　har. 7　har. 12　har. 7

har. 12

Poco piú animato (♩ = 60)

a tempo

CII　　　　　　　　　　　CIII

rit.　　　　　*a tempo*　　　　*poco rit.*

CIII

a tempo　　　　　　　　　　　　　　　　　　*poco rit.*

CI　　　CII　　　　　　　　　　(Tempo 1)　　　　　　　　　②

a tempo　　　　　　　　*mf a tempo*

⑥　　　　　　　*cedendo poco a poco*　　har. 12

ADVANCED GUITAR MUSIC
from Music Sales

COLECCIÓN DE MÚSICA ESPAÑOLA PARA GUITARRA
Spanish Guitar Music UMG24067
A superb collection of guitar solos by celebrated Spanish composers.

EDUARDO SAINZ DE LA MAZA
Música para Guitarra UMG24075
A unique collection for guitar solo by the celebrated Spanish composer.

HOMENAJE: LE TOMBEAU DE CLAUDE DEBUSSY
Manuel de Falla CH55674

MANUEL DE FALLA MUSIC FOR GUITAR
Arrangements of works from 'El Amor Brujo' and
'El Sombrero de tres picos' for guitar solo and duet.
CH61249

SONATA GIOCOSA
Joaquín Rodrigo CH01807

THE CLASSIC GUITAR COLLECTION
Volume 1 AM32657
Solos from the fourteenth to twentieth centuries.
Including works by Bartók, Carcassi, Sor and Giuliani.

Volume 2 AM32665
A unique compilation of short pieces ranging from the
fourteenth century to Stravinsky and Shostakovich.

Volume 3 AM32673
Outstanding music for guitar players of all standards
including works by Bach, Mozart and Sor.

GUITAR MUSIC OF SPAIN
Volume 1 AM90240
Over 50 graded traditional pieces, by Bartolomé Calatayud.

Volume 2 AM90241
Compositions by Albéniz, transcribed for guitar.

Volume 3 AM90242
Traditional Spanish and hispanic music by composers such as
Rodrigo, Calatayud, Llobet, Cardoso, Sainz de la Maza and others.

THE RENAISSANCE GUITAR AM35882
THE BAROQUE GUITAR AM35890
THE CLASSICAL GUITAR AM35908
THE ROMANTIC GUITAR AM38993
Four centuries of solos, duets and songs for classical guitar and lute family.
Including fascinating background detail, fingering and playing tips.

Music Sales Limited
Newmarket Road, Bury St Edmunds, Suffolk IP33 3YB.